AF316182

ICONOGRAPHIE

DES SIGNES

FAISANT PARTIE

DE

L'ENSEIGNEMENT PRIMAIRE DES SOURDS-MUETS

Ouvrage couronné par la Société centrale d'Éducation et d'Assistance
pour les Sourds-Muets;

Par PÉLISSIER,

Professeur sourd-muet à l'Institution impériale de Paris.

Prix : 2 fr. 50 c.

PARIS,

IMPRIMERIE ET LIBRAIRIE DE PAUL DUPONT,

Rue de Grenelle-Saint-Honoré, 45,

ET CHEZ L'AUTEUR,

Rue de l'École-de-Médecine, 2.

1856

ICONOGRAPHIE DES SIGNES,

AVEC

DES NOTES EXPLICATIVES.

Paris, Paul Dupont,
rue de Grenelle-Saint-Honoré, 45.

I.

L'auteur cherche à populariser le langage œcuménique des gestes, et, pour en faciliter la vulgarisation, il en expose les signes les plus simples et les plus élémentaires.

II.

De l'étude qu'on en fera, résulteront trois évidences : 1° que tous les signes sont naturels; 2° que le langage mimique ne doit se proposer d'autre but que d'imiter avec les bras, avec les mains, avec les doigts, tout ce qui existe, tout ce qui se fait, tout ce qui se pense; 3° que tout homme, d'un pôle à l'autre, porte en soi le germe de ce verbe universel et qu'il suffit de se faire rendre compte ou de faire usage d'un certain nombre de signes pour deviner le reste et pouvoir s'en servir.

III.

Le langage mimique est libre de toute espèce de grammaire; sa syntaxe est indépendante des règles et ne suit que la marche de la pensée. C'est là sa condition d'universalité. De là aussi la pluralité apparente des signes pour une même expression. L'auteur l'a dit ailleurs (1), il en est des signes comme des définitions; on définit également de diverses manières un même objet, une même idée, et pourvu que signe ou définition se rapporte assez exactement à l'objet, à l'idée, l'un ou l'autre peut être indifféremment admis.

IV.

Les gestes sont, a dit Lamartine, les attitudes visibles de l'âme. Le magnétisme du visage en révèle le secret et doit accompagner de son jeu tous les signes.

V.

L'auteur n'a d'autre autorité pour publier cet opuscule que son titre de sourd-muet. Dans le champ des signes, le sourd-muet possède, on l'a déjà dit, l'œil de l'observateur, l'ouïe du musicien et le pied de l'homme de mer.

----

(1) *L'Enseignement primaire des sourds-muets,* chap. III.

ICONOGRAPHIE DES SIGNES.

NOTES EXPLICATIVES DE LA PLANCHE I.

LA DACTYLOLOGIE.

La dactylologie (le langage des doigts) est la reproduction des 25 caractères de l'alphabet au moyen des diverses positions des cinq doigts de la main. — La dactylologie, c'est la lettre, c'est la phrase écrite ; c'est l'écriture permanente, tracée en l'air, sous une forme fugitive. C'est le moyen le plus aisé, le plus rapide qu'aient les parlants de se mettre en communication avec les sourds-muets.

On peut l'apprendre dans une heure.

Pour s'en servir avec clarté, il ne faut pas imprimer à la main des mouvements saccadés. — Le bras reste immobile, les doigts seuls parlent.

Entre chaque mot, un petit repos ou un petit signe de main de gauche à droite.

ALPHABET MANUEL

DES

SOURDS-MUETS.

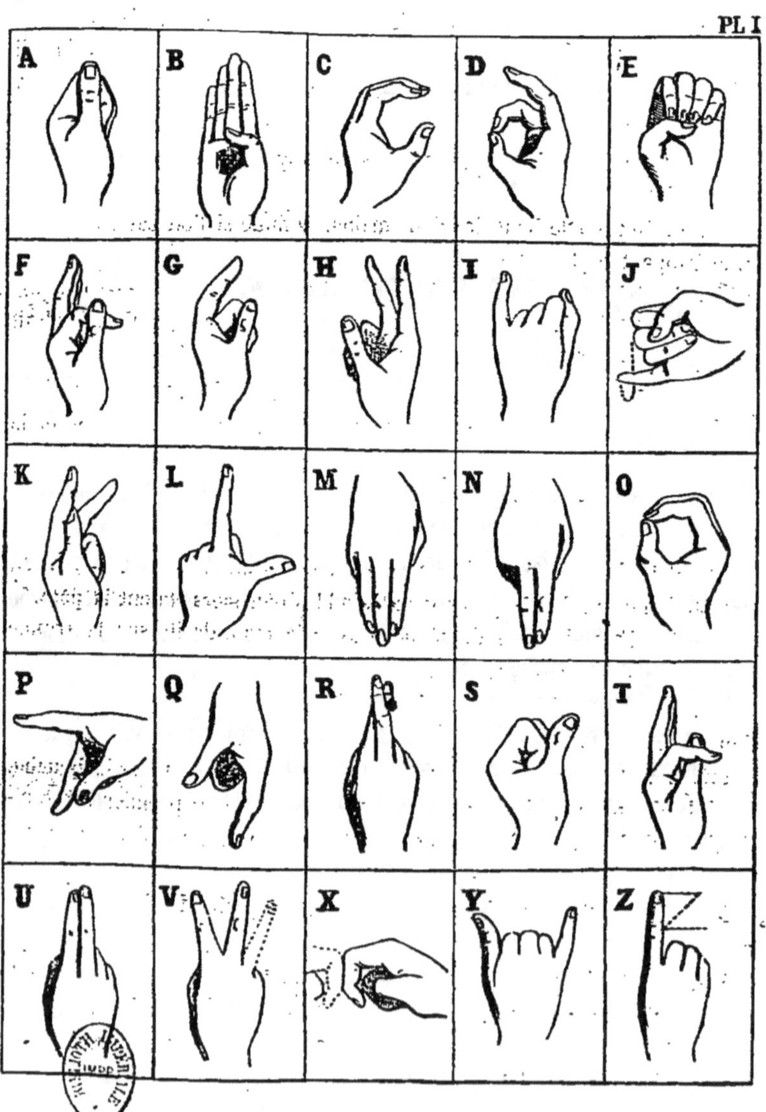

ALIMENTS ET OBJETS DE TABLE.

La figure 1re doit suivre ou précéder le signe de chaque aliment.

C'est aussi le signe du mot REPAS. S'il précède le signe de *matin*, il indique le DÉJEUNER ; celui de *midi*, le DINER ; celui de *soir*, le SOUPER. (Voir pl. xviii.)

Dans la figure 4e, la main gauche est le boyau que le pouce bourre de chair hachée.

Fig. 6. Heurter le bout des deux mains, comme si l'on cassait un œuf en le frappant contre un autre.

Fig. 7. Il faut qu'elle soit précédée de la figure 6.

Fig. 9. Feindre de mordre un morceau de fromage qu'on tiendrait entre le pouce et l'index.

Fig. 10. Placer la paume de chacune des deux mains l'une contre l'autre, faire glisser la supérieure sur toute la longueur de l'inférieure et la faire revenir par le dos à son point de départ. En y ajoutant *noir*, vous dites CONFITURE ; *rouge*, GROSEILLE ; *jaune*, BEURRE ; *abeille*, MIEL ; *fromage*, FROMAGE A LA CRÈME.

Compléter la figure 11, qui trace avec l'index droit la forme d'un gâteau, par l'action du rouleau en bois avec lequel les pâtissiers étalent la pâte.

Fig. 12. Faire l'action de moudre avec la main droite sur la paume gauche et y ajouter la figure 19.

Fig. 13. Piquer la langue du bout de l'index, dire *noir* et y ajouter la figure 19.

Fig. 14. Pour SERVIETTE, ajouter au signe de s'en essuyer la bouche, celui de l'étendre sur les genoux. Pour NAPPE, outre le premier signe ci-dessus, feindre de la déployer sur la table qu'on est censé avoir devant soi.

Fig. 17. Ajouter à ce signe, *ouvrir le coutcau*, celui de s'en servir pour couper.

Fig. 18. Après avoir figuré avec les deux mains la forme de la soupière, y ajouter le signe de SOUPE, qui consiste en *pain* et *cuiller*.

Fig. 19. Remuer les doigts renversés comme quand on répand du sel ou du poivre sur un plat.

1. — Manger.

2. — Pain.

3. — Viande.

4. — Saucisse.

5. — Gibier.

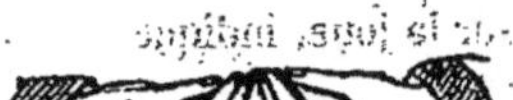

6. — Œufs.

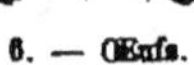

7. — Omelette.

8. — Salade.

9. — Fromage.

10. — Tartine.

11. — Gâteau.

12. — Sel.

13. — Poivre.

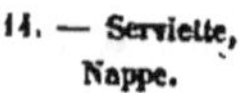

14. — Serviette,
Nappe.

15. — Cuiller.

16. — Fourchette.

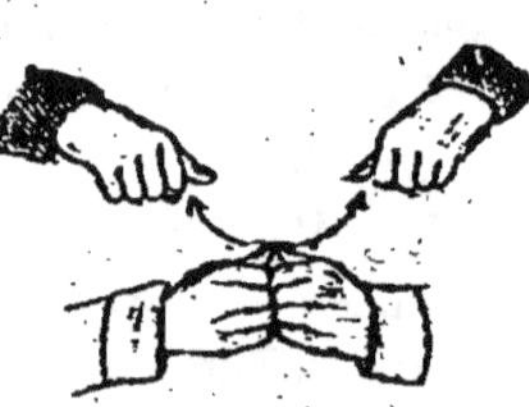

17. — Couteau.

18. — Soupière.

19. — Assaisonner.

BOISSONS ET OBJETS DE TABLE.

Fig. 1. Même observation que pour la figure 1 de la planche II.

Fig. 2. Le V dactylologique appliqué, en la frottant, sur la joue, indique la couleur du vin.

Fig. 3. L'index recourbé représente le robinet, et, en l'agitant, l'eau qui en coule.

Fig. 4. C'est le signe de PUISER. Celui d'eau peut varier encore, exemple : *pluie et boire ; nager et boire*, etc. ; le signe le plus usité est celui de la figure 3.

Fig. 6. En grattant le gosier du bout de l'index, on rappelle le picotement que produit l'eau-de-vie sur cet organe.

Fig. 7. C'est le signe de *tirer le bouchon*. Faites-le précéder de la figure 2, vous direz : VIN VIEUX.

Fig. 8. Presser le piston d'une bouteille d'eau de Seltz.

Fig. 9. Faire sauter le bouchon.

Fig. 10. Figurer avec l'index gauche le pis de la vache que la main droite presse.

Fig. 12. Ajouter *jaune*.

Fig. 13. Ajouter la figure 12.

Fig. 14. Ajouter *eau*.

Fig. 15. Faire le signe de rincer.

Fig. 17. Ajouter *vin*.

1. — Boire.

2. — Vin.

3. — Eau.

4. — Eau.

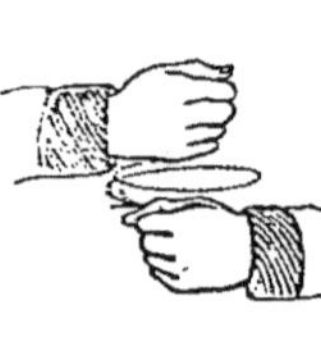

5. — Café.

6. — Eau-de-vie.

7. — Bière.

8. — Eau de Seltz.

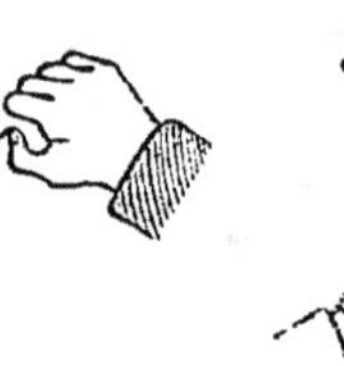

9. — Champagne.

10. — Lait.

11. — Tisane.

12. — Huile.

13. — Vinaigre.

14. — Carafe.

15. — Verre.

16. — Tasse.

17. — Bouteille

OBJETS POUR ÉCRIRE.

Fig. 1. Même observation qu'en tête des deux dernières planches.

Fig. 2. Humecter de son haleine la paume de la main gauche et faire le signe de la nettoyer avec la main droite.

Fig. 3. Avoir l'air de porter un cahier sur le bras gauche et en marquer, avec le côté interne de la main droite, les deux bouts, le haut et le bas.

Fig. 8. Y ajouter la figure 7.

Fig. 11. Tracer un grand carré devant soi.

Fig. 12. Y ajouter la figure 11.

Fig. 18. Attirer les deux mains vers soi, de haut en bas, sur un plan incliné.

Fig. 19. Après le signe de tourner la clef vers le milieu, faire celui d'ouvrir avec les deux mains montant en haut et paraissant tracer un demi-cercle.

Fig. 20. Même évolution que ci-dessus, mais en sens inverse et avec une seule main.

1. — Écrire.

2. — Ardoise.

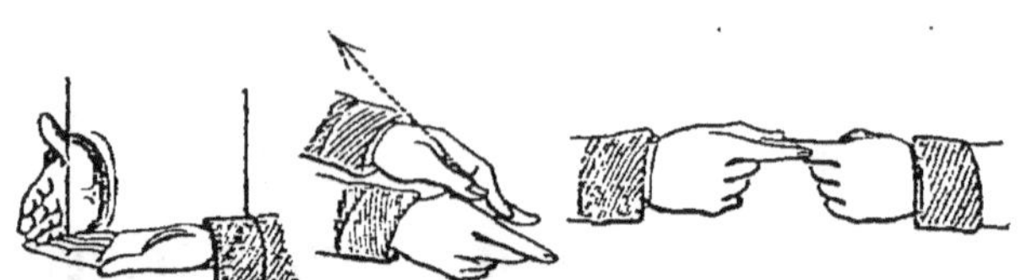

3. — Cahier.

4. — Plume.

5. — Crayon d'ardoise.

6. — Crayon.

7. — Encre.

8. — Encrier.

9. — Sable.

10. — Sablier.

11. — Tableau noir.

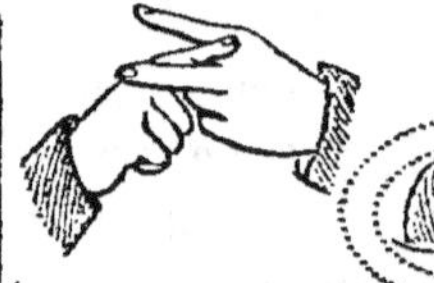

12. — Craie.

13. — Torchon.

14 et 15. — Lettre.

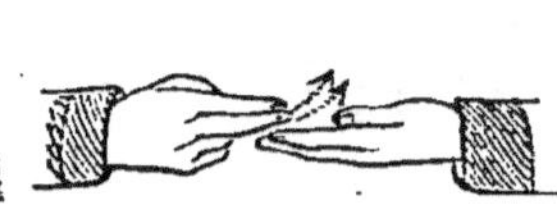

16. — Grattoir.

17. — Règle.

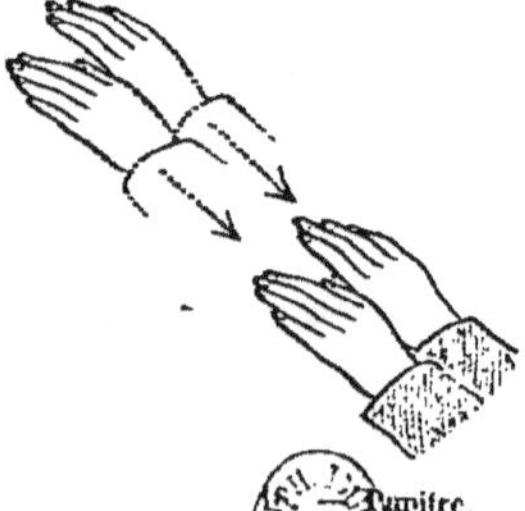

18. — Pupitre.

19. — Bureau.

20. — Secrétaire.

NOTES EXPLICATIVES DE LA PLANCHE V.

OBJETS ÉPARS DANS LA CLASSE.

Fig. 3. Après avoir tracé un carré ou un rond devant soi, le compléter par le signe d'*écrire* ou par celui de *manger*, suivant l'usage qu'on en veut faire.

Fig. 6. Faire monter la main droite, tenant l'index gauche, jusqu'à la hauteur de la tête, en figurant la longueur de l'objet, et l'agiter comme pour frapper ou pour indiquer.

Fig. 8. L'index suivant le contour du profil indique DESSIN, le reste signifie *petit carré*.

Fig. 9. Action de se chauffer. Il faut se frotter ensuite les mains.

Fig. 10. Frapper quelques coups du bout de l'index d'une main sur le dos de l'autre main.

Fig. 13. Après le signe ci-dessus, feindre de tirer un objet du gousset et de le regarder.

Fig. 14. Représenter d'abord la figure 10, puis balancer la main renversée en appuyant le poignet sur l'autre main.

Fig. 17. Tracer un carré ou un rond en bas et y ajouter le signe de s'asseoir, comme à la figure 15.

Fig. 18. Décrire la dimension de l'objet avec les deux mains, prenant la forme dactylologique d'un C renversé et séparées par un trait. Faire ensuite le signe de s'asseoir comme ci-dessus.

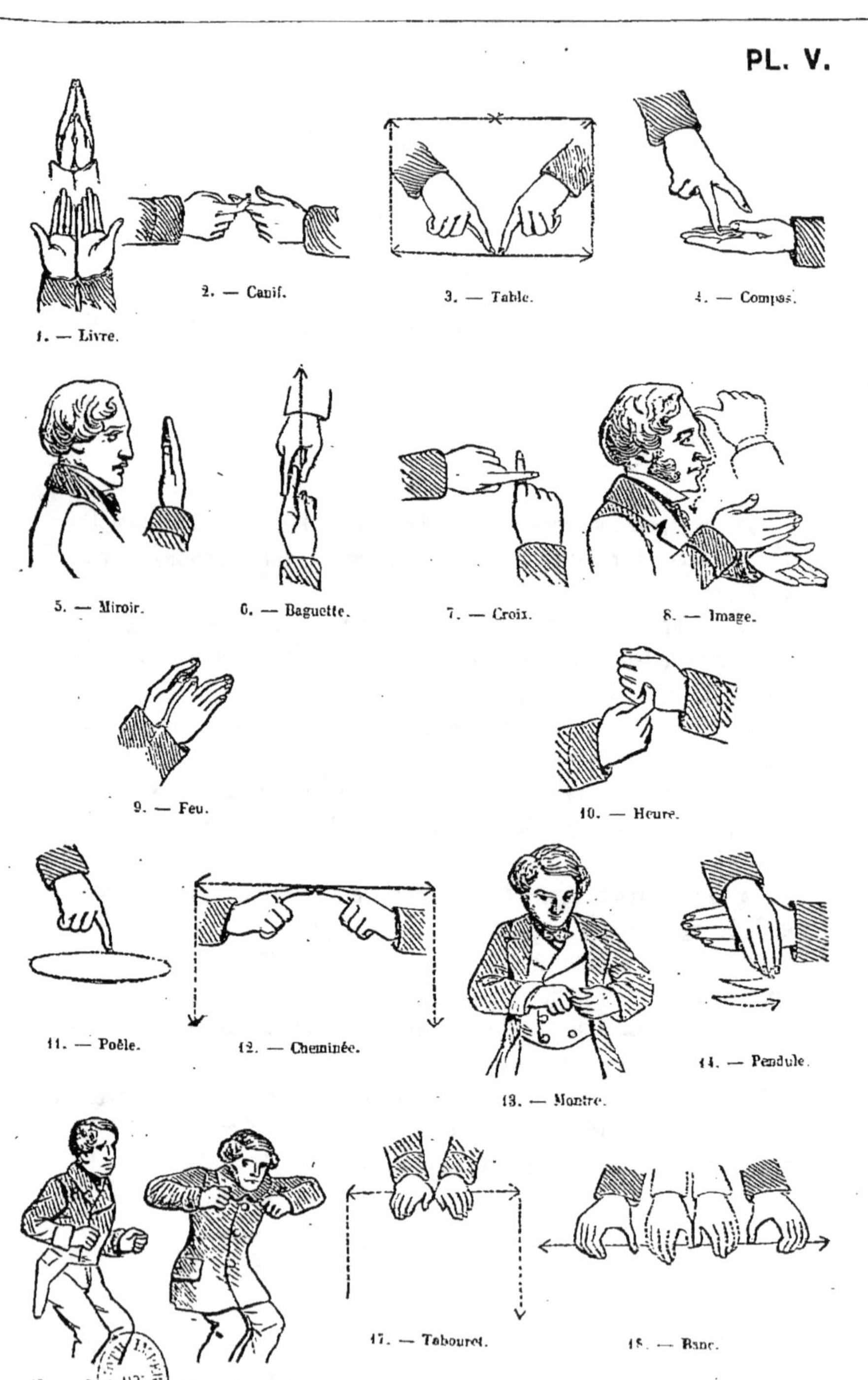

1. — Livre.

2. — Canif.

3. — Table.

4. — Compas.

5. — Miroir.

6. — Baguette.

7. — Croix.

8. — Image.

9. — Feu.

10. — Heure.

11. — Poêle.

12. — Cheminée.

13. — Montre.

14. — Pendule.

15. — Chaise.

16. — Fauteuil.

17. — Tabouret.

18. — Banc.

INDIVIDUALITÉS ET PROFESSIONS.

Fig. 1. Signe de tirer le chapeau.

Fig. 2. Faire descendre l'index, par le côté externe, le long de la tempe, jusqu'à la mâchoire inférieure.

Dans les 8 figures suivantes, pour désigner le sexe, il faut avoir soin de faire précéder chacune d'elles par l'un de ces deux signes.

Fig. 3. Signe de donner naissance.

Fig. 4. Signe de bercer dans ses bras; ajouter *petit*. Élever la main à la hauteur du menton pour dire GARÇON.

Fig. 6. Jabot signifie bien vêtu.

Fig. 9. Signe d'ENSEIGNER.

Fig. 10. Signe de SERVIR. Imprimer aux mains un mouvement de va-et-vient.

Fig. 11. Signe de BALAYER.

Fig. 12. Ajouter *prière* ou *messe*.

Fig. 15. Faire les signes de barbe et de capuchon. Se frapper deux ou trois fois la poitrine.

Fig. 17. Faire le signe de moustaches et celui de porter le fusil au bras.

Fig. 19. Ajouter habit et chapeau brodés.

Fig. 20. Dessiner avec les mains sur la tête un chapeau à la française. Y ajouter les signes de *cheval* et *d'arrêter les voleurs*.

1. — Homme. 2. — Femme.

3. — Père, Mère. 4. — Enfant, Fille. 5. — Frère, Sœur. 6. — Monsieur, Madame. 7. — Jeune homme, Demoiselle.

8. — Maître. 9. — Professeur. 10. — Valet. 11. — Domestique.

12. — Prêtre. 13. — Évêque. 14. — Archevêque. 15. — Moine. 16. — Religieuse.

17. Soldat. 18. Caporal. 19. — Général. 20. — Gendarme.

ANIMAUX.

Pour dire ANIMAL, faire les signes de *respirer*, de *marcher*, de *voler*, etc. Pour dire QUADRUPÈDE, figurer les quatre pieds et feindre de marcher.

Fig. 2. Imprimer aux mains des mouvements saccadés, comme si l'on chevauchait au trot.

Fig. 4. Action de tondre.

Fig. 5. Signe de barbe et de cornes recourbées en arrière.

Fig. 6. Pose grave ; ajouter *crinière, longue queue*.

Fig. 7. Signe de trompe. Feindre de s'en servir pour prendre un objet et pour l'avaler.

Fig. 9. Ajouter *cou long*.

Fig. 10. Balancer mollement la tête à droite et à gauche.

Fig. 11. Ajouter l'action de *mordre* ou de *dévorer*.

Fig. 12. Ajouter *queue touffue*.

Fig. 13. Se gratter à la façon des singes.

Fig. 16. Ajouter le signe de fusil. Pour désigner le LAPIN, ajouter la manière de le tuer en lui assénant un coup au crâne.

Fig. 17. Feindre de fouiller le fumier avec la main comme le cochon avec le groin.

Fig. 18 et 19. Avec le signe de *petit*, c'est le CHAT ; avec celui de *grand*, c'est le TIGRE.

Fig. 20. Ajouter l'action de *ronger*. Pour un RAT, le signe de *gros* ; pour une SOURIS, celui de *petit*.

Fig. 22. Presser alternativement avec les deux mains les mamelles d'un quadrupède. Ajouter ce signe à la figure 3 pour désigner la VACHE ; à la figure 5 pour désigner la chèvre.

1. — Ane.
2. — Cheval.
3. — Bœuf.
4. — Mouton.
5. — Bouc.
6. — Lion.
7. — Éléphant.
8. — Rhinocéros.
9. — Chameau.
10. — Ours.
11. — Loup.
12. — Renard.
13. — Singe.
14. — Sanglier.
15. — Cerf.
16. — Lièvre.
17. — Cochon.
18. — Chat.
19. — Tigre.
20. — Rat.
21. — Chien.
22. — Train.

OISEAUX. — POISSONS. — INSECTES.

Fig. 1. Figurer avec l'index gauche le bec que l'index droit s'efforce de faire ouvrir.

Fig. 2. Signe d'ailes ou de *voler*. De ces deux figures réunies, le mot générique OISEAU.

Fig. 3. Ajouter la figure 2, les bras plus déployés.

Fig. 5. Ajouter le signe d'*œufs* et celui de *pondre*.

Fig. 6. L'achever en imitant l'action de faire la roue.

Fig. 8. Feindre le gonflement de la gorge.

Fig. 9. Agiter la main pour représenter le poisson qui nage.

Fig. 10. Représenter, avec les deux mains se touchant par leur bout digital, la gueule monstrueuse du cétacé ; les séparer et les réunir pour peindre l'action d'*avaler.*

Fig. 11. Ouvrir et fermer l'index et le médius des deux mains en forme de crochets.

Fig. 12. Faire précéder ce signe de la figure 11.

Fig. 13. Imiter l'action d'ouvrir les huîtres et de les avaler.

Fig. 14. Agiter tous les doigts d'une main, les faire aller et venir sur l'autre main. C'est le signe des INSECTES en général ; — y ajouter les signes de *noir* et d'*extrêmement petit*, c'est désigner les FOURMIS.

Fig. 15. Ajouter le signe d'*ailes.*

Fig. 18. Signe de RAMPER. Allonger l'index et le recourber en avançant.

Fig. 19. Décrire des cercles avec l'index ; l'autre index posé vers le milieu de l'avant-bras désigne la longueur du reptile.

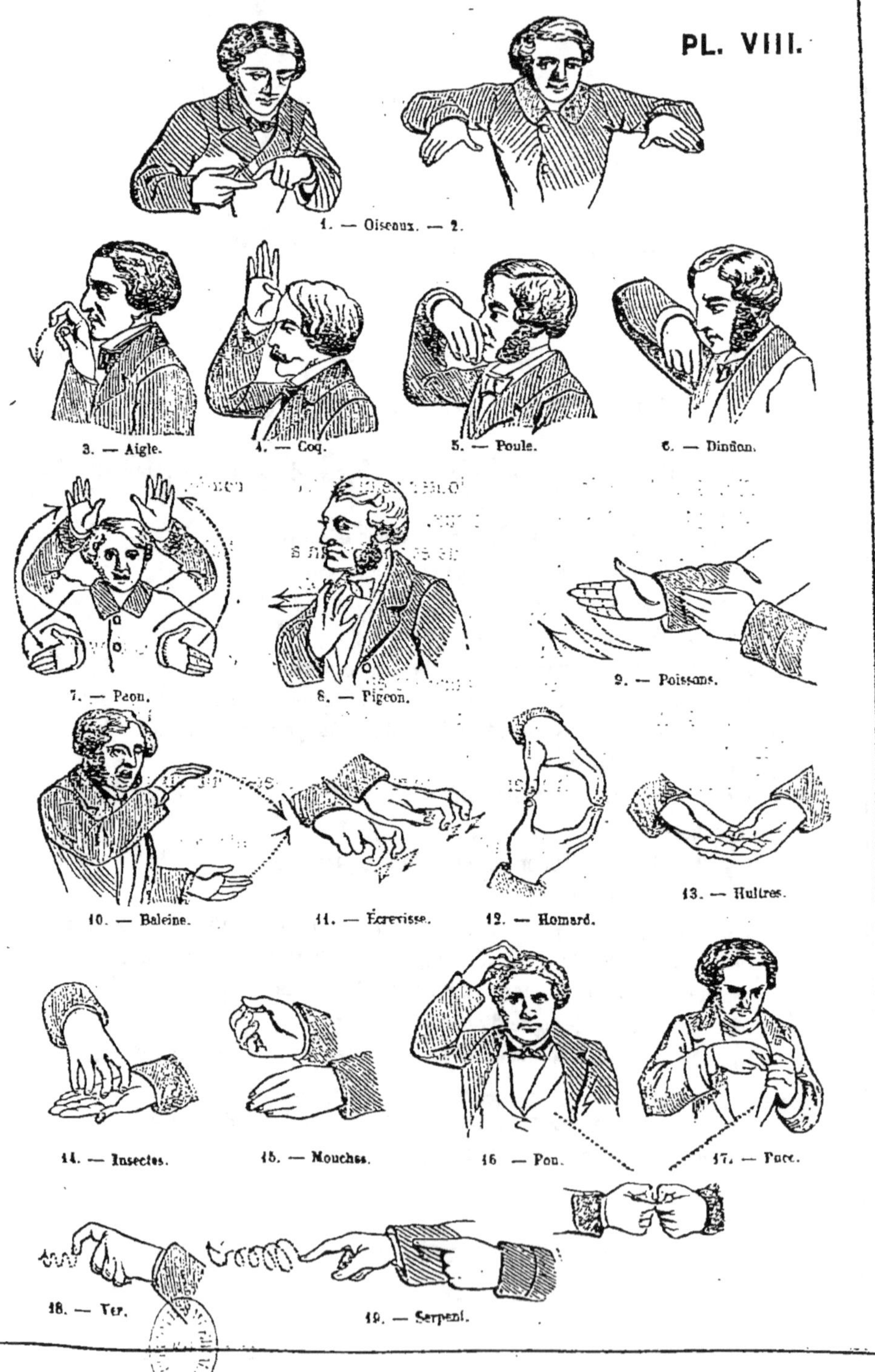

PL. VIII.
1. — Oiseaux. — 2.
3. — Aigle.
4. — Coq.
5. — Poule.
6. — Dindon.
7. — Paon.
8. — Pigeon.
9. — Poissons.
10. — Baleine.
11. — Écrevisse.
12. — Homard.
13. — Huîtres.
14. — Insectes.
15. — Mouches.
16. — Pou.
17. — Puce.
18. — Ver.
19. — Serpent.

ADJECTIFS (QUALITÉS EXTÉRIEURES).

Fig. 10. Signe de MENDIER ; ajouter celui de *trou au coude*.

Fig. 11. Prendre un air gracieux.

Fig. 12. Faire le signe ci-dessus et feindre un air d'admiration.

Pour dire LAID, faire les signes de *joli* et de *non* ; accompagner la négation d'une grimace par une légère contraction des traits.

Fig. 15. Tendre vigoureusement les bras, fermer les poings, les élever et leur imprimer des secousses d'arrière en avant.

Fig. 16. Ajouter la négation au signe ci-dessus, étendre les mains, les laisser tomber et pencher la tête.

Fig. 17. Imprimer vivement un mouvement de va-et-vient aux mains, à droite et à gauche.

Fig. 18. Rapprocher à plusieurs reprises le pouce d'une part et les autres doigts de chaque main de l'autre, et répéter la figure 17, en la faisant suivre de la négation.

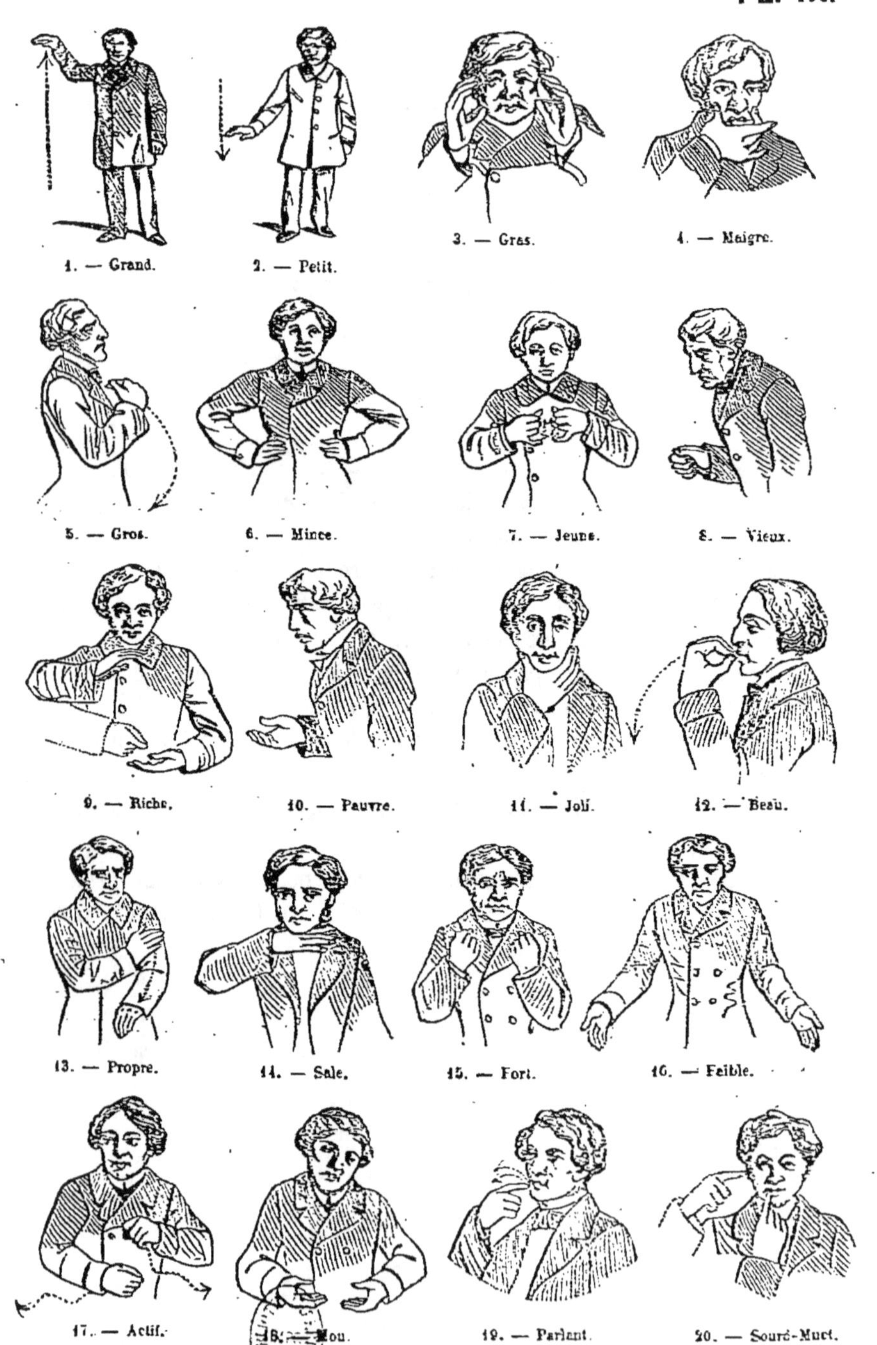

1. — Grand.

2. — Petit.

3. — Gras.

4. — Maigre.

5. — Gros.

6. — Mince.

7. — Jeune.

8. — Vieux.

9. — Riche.

10. — Pauvre.

11. — Joli.

12. — Beau.

13. — Propre.

14. — Sale.

15. — Fort.

16. — Faible.

17. — Actif.

18. — Mou.

19. — Parlant.

20. — Sourd-Muet.

SUITE DES ADJECTIFS (QUALITÉS DES CHOSES).

NOTA. Prendre, par exemple, le banc pour type des divers adjectifs de dimension.

Fig. 11. Avoir l'air de le soulever avec peine.

Fig. 12. Le contraire de la figure ci-dessus.

Fig. 13. La main droite traversant l'autre main, la déployer au-dessus.

Fig. 14. Glisser doucement le pouce sur l'extrémité de tous les doigts de la même main, à partir du petit doigt.

Fig. 15. Faire remonter la main droite sur le long du bras gauche jusqu'à l'épaule. C'est aussi le signe de TARD et celui de LONGTEMPS.

Fig. 16. Le faire légèrement, c'est USÉ; avec force, c'est DÉCHIRÉ.

Fig. 19. A peu près la première partie de la figure 18, planche IX; état d'une chose cédant à la pression.

Fig. 20. Frapper avec le second os du médius droit sur le troisième du médius gauche. Ajouter la négation à la figure 19.

Fig. 21. Couleur de la cravate.

Fig. 22.   id.   du sourcil.

Fig. 23.   id.   des lèvres.

Fig. 24.   id.   du ciel.

Fig. 25. Reproduire avec la main le signe dessiné, en l'étendant horizontalement un peu en bas, pour peindre la couleur des herbes, du gazon, de la prairie.

Pour le JAUNE, faire le J dactylologique et achever ce signe en se pinçant le bas de l'oreille pour rappeler les boucles d'oreille ou la couleur de l'or.

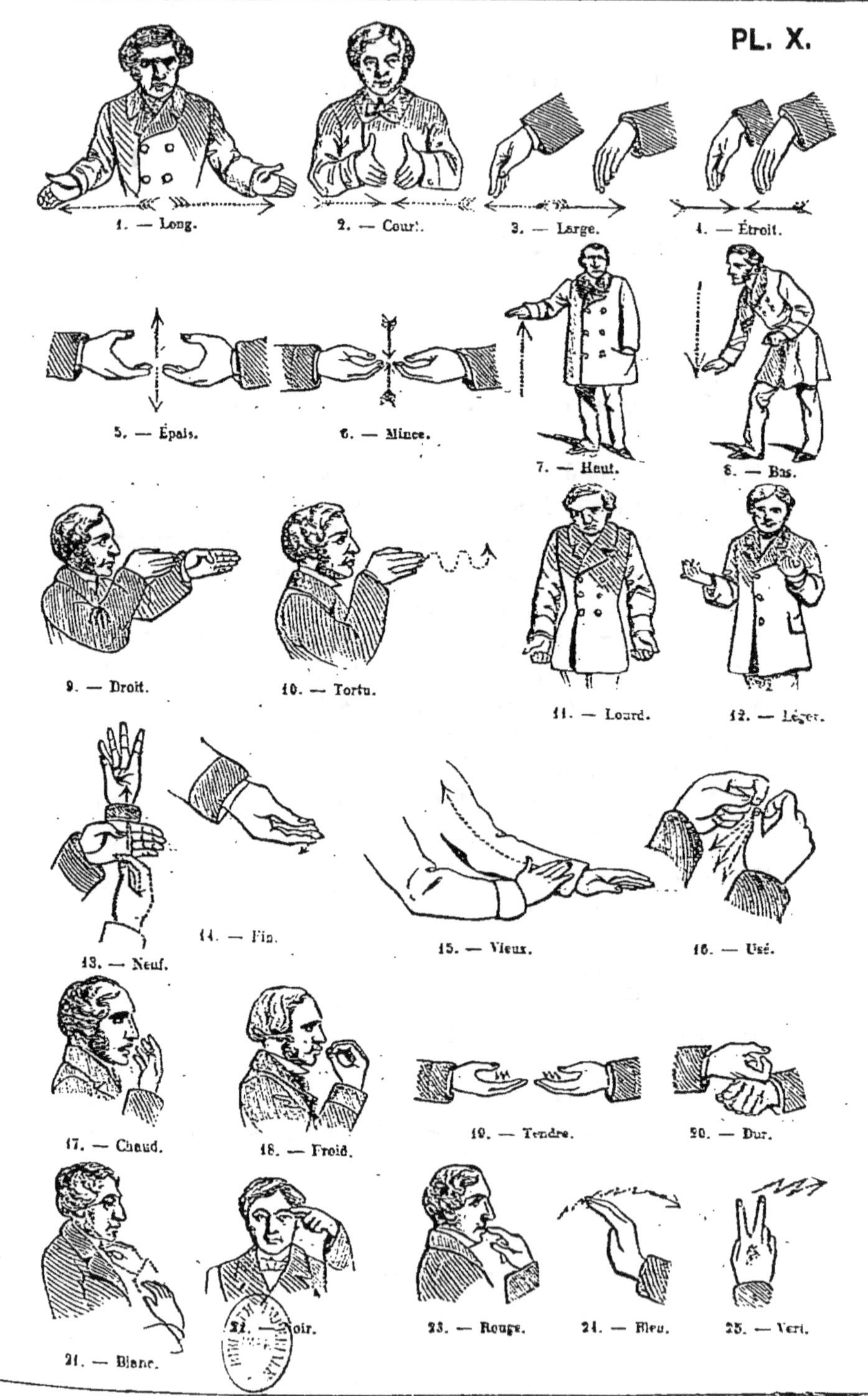

PL. X.
1. — Long.
2. — Court.
3. — Large.
4. — Étroit.
5. — Épais.
6. — Mince.
7. — Haut.
8. — Bas.
9. — Droit.
10. — Tortu.
11. — Lourd.
12. — Léger.
13. — Neuf.
14. — Fin.
15. — Vieux.
16. — Usé.
17. — Chaud.
18. — Froid.
19. — Tendre.
20. — Dur.
21. — Blanc.
22. — Noir.
23. — Rouge.
24. — Bleu.
25. — Vert.

SUITE DES ADJECTIFS (QUALITÉS MORALES).

Fig. 2. La faire précéder de la figure 1ʳᵉ.

Fig. 5. Élever et abaisser un peu, deux ou trois fois, les mains.

Fig. 6. Darder à plusieurs reprises les deux index l'un contre l'autre, ou les croiser à plusieurs reprises longueur sur longueur.

Fig. 7. La main ouverte sur le visage, la fermer en l'écartant.

Fig. 8. Avec les doigts pliés se labourer vivement deux ou trois fois la poitrine de bas en haut.

Fig. 9. Faire d'abord le signe de *manger*, indiquer ensuite le milieu de l'estomac.

Fig. 10. Achever ce signe en levant la main jusque vers le menton.

Fig. 11. Frapper légèrement le milieu du front avec le bout des doigts et ouvrir la main en l'écartant.

Fig. 12. Reproduire la figure 11 avec la négation.

Fig. 13. Signes de *cœur* et de *vrai*.

Fig. 15. Avec le bout de l'index toucher le front; ramener de là la main tendue en avant, le dos en haut, et la laisser tomber en bas.

Fig. 16. Avec le bout de l'index toucher le front et agiter soudain les mains au-dessus de la tête.

Fig. 17. Avec le bout de l'index tracer des ronds sur le front pour indiquer la réflexion; reproduire ensuite le dessin qui signifie : *Ramener à soi les rênes.*

Fig. 18. Reproduire d'abord la figure 16, jeter ensuite les mains fermées, puis ouvertes, en avant, comme si l'on voulait dire : *Laisser échapper les rênes.*

Fig. 19. Faire tomber avec force le bout de l'index d'une main du front qu'il touche sur le milieu de la paume de l'autre main.

Fig. 20. Promener en haut, de côté et d'autre, l'index tendu et suivre de l'œil ses mouvements.

1. — Obéissant.

2. — Désobéissant.

3. — Studieux.

4. — Paresseux.

5. Sage.

6. — Méchant.

7. — Doux.

8. — Colère.

9. — Sobre.

10. — Gourmand.

11. — Instruit.

12. — Ignorant.

13. — Sincère.

14. — Menteur.

15. — Sensé.

16. — Fou.

17. Prudent.

18. — Imprudent.

19. — Appliqué.

20. — Distrait.

SUITE DES ADJECTIFS (QUALITÉS INTÉRIEURES).

Fig. 1. Avoir l'air de sourire en faisant le signe de bien.

Fig. 2. Après le signe de bien, remuer la tête en forme de négation, et croiser vivement les mains de la manière représentée dans le dessin.

Fig. 4. Courber légèrement la tête et croiser doucement les deux mains sur la poitrine.

Fig. 5. Faire d'abord le signe de chercher, ensuite celui de la négation, puis celui de *silence ;* détourner enfin un peu la tête.

Fig. 6. Avoir les yeux grands ouverts en faisant ce signe ; la main décrit rapidement des cercles devant les yeux.

Fig. 7. Frapper sur le cœur avec le poing droit et jeter résolûment les deux poings en avant.

Fig. 8. Avoir l'air de reculer avec les mains tremblantes.

Fig. 9. Frapper sur le cœur avec la paume de la main droite et la jeter du côté droit, tendue horizontalement.

Fig. 12. Ajouter rondement le signe de *menteur* à la figure 11.

Fig. 13. Sourire en agitant doucement de haut en bas les mains tendues et en les mettant ensuite croisées sur la poitrine.

Fig. 14. Imprimer aux mains, les index seuls tendus l'un contre l'autre, un mouvement de va-et-vient.

Fig. 15. Ajouter à la figure 9 le signe de PARDON, qui consiste à effleurer la paume gauche de la paume droite. La clémence est un pardon magnifique, a dit Ferd. Berthier, le plus célèbre de tous les sourds-muets.

Fig. 16. Avoir l'air de recevoir un coup, en se frappant avec le poing gauche, paraître ensuite riposter en jetant le poing droit comme pour rendre le coup.

Fig. 17. Frapper le front du bout de l'index, agiter la main déployée et donner de la vivacité aux yeux.

Fig. 18. Après avoir frappé le front du bout de l'index, rester muet avec la bouche béante et les mains écartées en bas.

Le plus simple est d'ajouter le signe de *rien* à la figure 17.

Fig. 20. La 3ᵉ phalange de l'index sur la bouche, faire et toucher à plusieurs reprises l'extrémité des 4 doigts qui sont en haut et le bout du pouce qui est en bas.

PL. XII.
1. — Bon.
2. — Mauvais.
3. — Orgueilleux.
4. — Modeste.
5. — Discret.
6. — Curieux.
7. — Courageux.
8. — Lâche.
9. — Pieux.
10. — Hypocrite.
11. — Paisible.
12. — Querelleur.
13. — Généreux.
14. — Avare.
15. — Clément.
16. — Vindicatif.
17. — Intelligent.
18. — Idiot.
19. — Silencieux.
20. — Bavard.

LA NUMÉRATION.

Les signes de tous les nombres sont des plus simples ; ils se font comme ces nombres s'écrivent ; exemple :

Pour exprimer 45, on écrit QUARANTE-CINQ ; les signes font 40 , plus 5.

Pour dire 405, on écrit QUATRE CENT CINQ ; les signes disent : 4, c, 5.

Il est indifférent de se servir des deux mains où d'une seule pour représenter tous les chiffres.

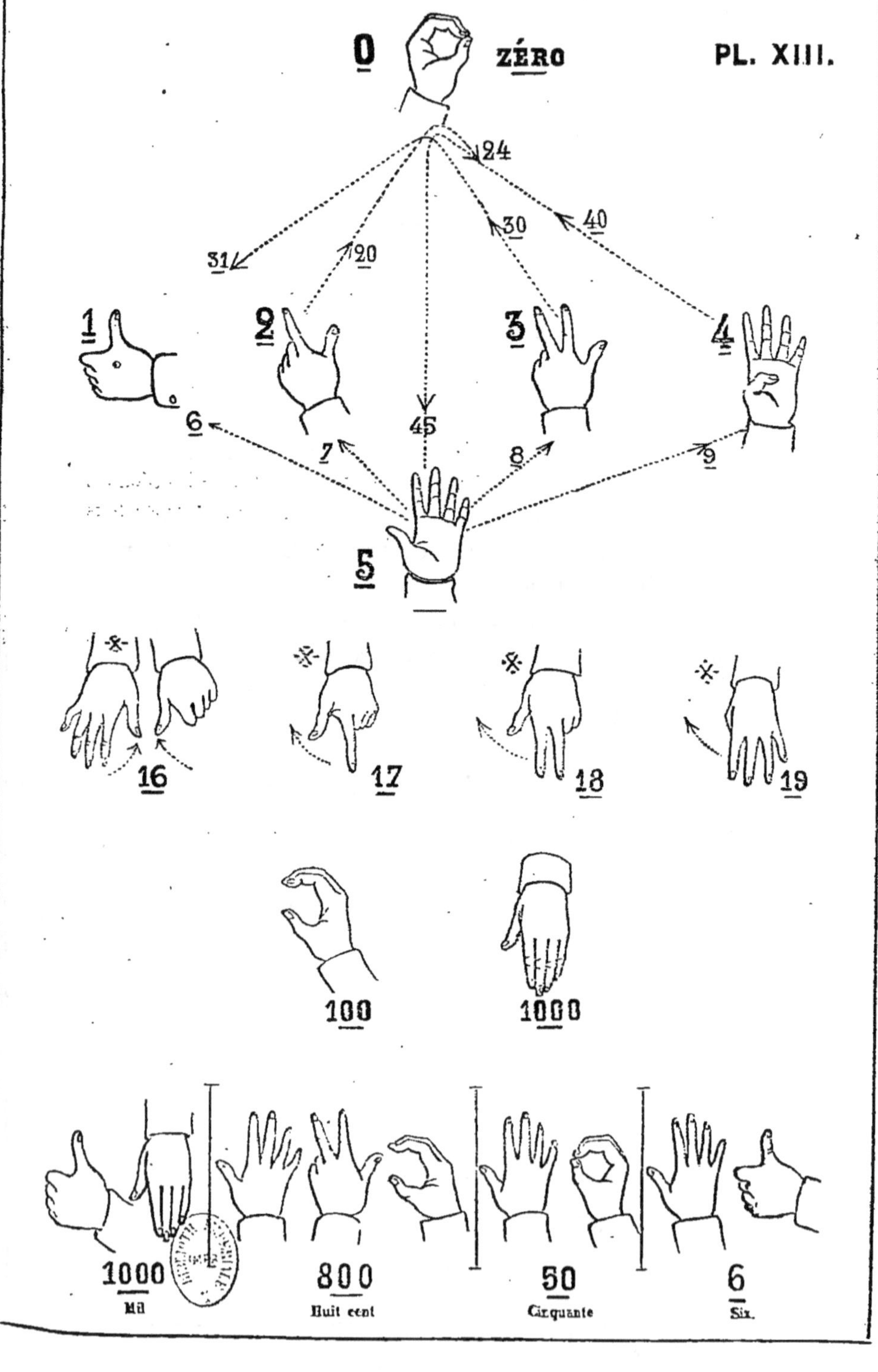

0   ZÉRO   PL. XIII.
24
31   20   30   40
1   2   3   4
6   7   45   8   9
5
16   17   18   19
100   1000
1000   800   50   6
Mil   Huit cent   Cinquante   Six.

LES PRONOMS ET LES TROIS TEMPS ABSOLUS DE L'INDICATIF.

Fig. 10. Tous les pronoms-objets, en d'autres termes, tous les régimes directs ou indirects, sont figurés par le pouce de la main gauche; tous les pronoms-sujets par le pouce de la main droite.

Fig. 11. Darder l'index droit tendu vers le pouce gauche levé, qui signifie *à le*.

Fig. 16. Imprimer un mouvement circulaire, de gauche à droite, à la main droite qui figure le T dactylologique; ou bien, décrire un cercle avec les deux mains partant du sommet et se rencontrant en bas.

Fig. 17. La main fermée, excepté le pouce qui figure *un*, court de gauche à droite avec des repos successifs, comme si elle voulait toucher ou désigner chaque objet.

Fig. 18. Toucher avec le pouce l'extrémité de la dent incisive supérieure et le lancer avec force en avant. C'est aussi le signe de RIEN ; ou bien, faire le signe de *un* et celui de souffler sur la main ouverte, depuis le poignet jusqu'au delà des doigts. C'est aussi le signe de SANS.

Fig. 19. Signe de *maintenant*.

Fig. 20. Pousser la main en avant.

Fig. 21. Laisser tomber la main droite de haut en bas, en lui faisant effleurer, au milieu de cette évolution, le bout digital de la main gauche.

PL. XIV.
1. — Je.
2. — Tu.
3. — Il.
4. — Nous.
5. — Vous.
6. — Ils.
7. — Mon.
8. — Ton.
9. — Son.
16. — Tous.
10. — Le.
11. — Lui.
12. — Qui, Que.
17. — Chacun.
13. — Ce.
14. — Celui-ci.
15. — Celui-là.
18. — Aucun.
19. — Présent.
20. — Futur.
21. — Passé indéfini.

VERBES.

Les signes de tous les verbes ne consistent qu'à imiter l'action ou à mettre en évidence l'idée qu'ils traduisent par leur nom.

Fig. 1. Avoir les mains fermées comme si l'on y tenait quelque chose, puis soudain les ouvrir, avec le mouvement de les jeter de côté en avant.

Fig. 2. Faire d'abord le signe d'*argent*, puis celui de donner à l'aide de la main droite qui reste en avant, tandis qu'on ramène vers soi la main gauche en signe de *prendre* ou de recevoir.

Fig. 3. Signe de s'AGENOUILLER en appliquant les phalanges de l'index et du médius pliés sur la paume de l'autre main ; faire ensuite le signe de RESPECTER PROFONDÉMENT en inclinant la tête et en abaissant jusqu'aux genoux les deux mains qui ont le dos contre le front.

Fig. 5. Rouler les deux index en les avançant. Les ramener à soi pour dire VENIR.

Fig. 8. Remuer légèrement les doigts pliés.

Fig. 9. Frapper quelques petits coups sur le bras gauche.

Fig. 10. Idée de possession. Les deux mains montent d'avant un peu en bas, vers le haut de la poitrine qu'elles touchent.

Fig. 12. Frapper avec force sur le dos des doigts de la main gauche, avec l'autre main qui va au côté gauche.

Fig. 14. Se frapper légèrement et rapidement avec la main les deux joues, et répéter le signe en avant, comme si c'était sur quelqu'un.

Fig. 15. Retourner vivement la main qui, après avoir le dos en haut, l'a maintenant en bas.

Fig. 17. Percer le milieu de l'index et du médius du bout de l'index droit, dont le bout se voit au dehors.

Fig. 18. Darder avec force l'index au front, relever la tête.

Fig. 19. L'index, à distance et tourné vers le front, décrit des ronds.

Fig. 20. Battre de la main sur le cœur, puis avec un visage soucieux reculer, en les agitant légèrement, les mains ouvertes, un peu en bas.

1. — Abandonner. 2. — Acheter.

3. — Adorer.

4. — Aimer.

5. — Aller.

6. — Apercevoir. 7. — Apporter. 8. — Attendre.

9. — Avertir. 10. — Avoir. 11. — Avouer. 12. — Bannir.

13. — Se cacher. 14. — Caresser. 15. — Changer. 16. — Chercher.

17. — Commencer. 18. — Comprendre. 19. — Concevoir. 20. — Craindre.

SUITE DES VERBES.

Fig. 1. C'est le signe de PRODUIRE. Faites-le précéder de la figure 17, et vous aurez CRÉER.

Fig. 2. L'index descend du front qu'il touche au-dessous du menton, et la tête fait un signe d'assentiment.

Fig. 3. Rouler, l'un autour de l'autre, les deux index de haut en bas.

Fig. 4. Attirer les mains à soi vers le cœur, en avant, les doigts pliés en haut, la main droite entre le cœur et la main gauche.

Fig. 5. Frapper à plusieurs reprises avec l'index plié et tourné en bas. C'est aussi le signe de NÉCESSAIRE, IL FAUT.

Fig. 8. Laisser tomber en bas les mains réunies et les écarter chacune de côté ; faire ensuite le signe de fouiller ses poches et celui de *chercher*.

Fig. 10. La main droite s'agite doucement au-dessus du bras gauche, et le visage exprime la confiance.

Fig. 11. Avoir l'air de regarder et de désigner quelqu'un avec une grande considération ; faire ensuite le signe de *bien* et celui d'*applaudir*.

Fig. 12. Idée d'affirmation. La tête fait le signe d'assentiment, la main tombe en bas, l'index et le médius restant écartés en forme de V.

Fig. 13. Faire glisser sur la paume gauche la main droite, ouverte en commençant, fermée en dépassant le poignet.

Fig. 15. L'index droit, partant de la hauteur de l'épaule droite, tombe sur l'index gauche, et la tête se penche de ce côté.

Fig. 16. Frapper sur le côté de l'index gauche du côté de l'index droit.

Fig. 17. Porter l'index, qui touche la lèvre inférieure par le bout, à la hauteur de la tête et le précipiter de là avec force en bas.

Fig. 18. Avoir l'air de couper la main gauche sur la paume avec le côté du petit doigt de la droite.

Fig. 19. Frapper avec force le bras droit renversé contre la main gauche qui est étendue en avant.

Fig. 20. Tracer des ronds avec le bout de l'index sur le front.

1. — Créer.
2. — Croire.
3. — Descendre.
4. — Désirer.
5. — Devoir.
6. — Dire.
7. — Dormir.
8. — Égarer.
9. — Embrasser.
10. — Espérer.
11. — Estimer.
12. — Être.
13. — Gagner.
14. — Gronder.
15. — Mourir.
16. — Nommer.
17. — Ordonner.
18. — Partager.
19. — Partir.
20. — Penser.

SUITE DES VERBES.

Fig. 1. Les deux mains fermées, les précipiter simultanément avec force en bas.

Fig. 2. Faire aller alternativement d avant vers soi les deux mains fermées, la face dorsale en bas.

Fig. 3. Attirer les deux mains de l'avant sur le haut des côtés, qu'elles touchent imperceptiblement de leur paume, répéter ce signe deux ou trois fois.

Fig. 5. Laisser tomber la main droite sur le poignet gauche.

Fig. 7. Faire le signe d'*applaudir* et celui de *décorer* ou de *couronner*.

Fig. 8. Appuyer vivement sur le cœur la face palmaire de la main droite, qui y trace des ronds. C'est aussi le signe de PLAISIR, ÊTRE CONTENT.

Fig. 9. Les avant-bras fléchis, les mains courbées en dedans et touchant du dos le dessous de la bouche, leur imprimer un mouvement réitéré en avant.

Fig. 10. Faire le signe de verser et celui d'à plein bord.

Fig. 11. Les mains fermées, les lèvres pincées, les sourcils froncés, jeter en avant les mains ouvertes avec un air satisfait.

Fig. 13. Frapper légèrement et à plusieurs reprises le front avec le bout des doigts. En une seule fois, avec force et sans que les doigts touchent le front, c'est dire CONNAITRE. Compléter ce dernier signe en faisant de la bouche un *ah !* c'est RECONNAITRE.

Fig. 14. Toucher à plusieurs reprises du bout de l'index le dessous du coude gauche avec un air provoquant.

Fig. 16. Reproduire d'abord le signe de *chercher*, puis relever brusquement la tête toujours un peu inclinée, avec le signe de la figure 18.

Fig. 17. Avoir l'air de tenir quelque chose dans les mains et les agiter comme on le fait à une vente aux enchères.

Fig. 18. C'est aussi le signe de REGARDER.

Fig. 20. L'index et le médius recourbés et écartés, touchant le front, les précipiter en bas avec un air décidé.

1. — Pouvoir.
2. — Prêter.
3. — Se promener.
4. — Protéger.
5. — Punir.
6. — Recevoir.
7. — Récompenser.
8. — Se réjouir.
9. — Remercier.
10. — Remplir.
11. — Réussir.
12. — Rire.
13. — Savoir.
14. — Tenter.
15. — Tromper.
16. — Trouver.
17. — Vendre.
18. — Voir.
19. — Voler.
20. — Vouloir.

NOTES EXPLICATIVES DE LA PLANCHE XVIII.

ADVERBES.

Fig. 1. Relever la tête.

Fig. 2. Abaisser la tête, les yeux à demi fermés.

Fig. 3. Soleil levant.

Fig. 4. Soleil au zénith.

Fig. 5. Soleil couchant.

Fig. 7. Ajouter *présent* ou *maintenant*.

Fig. 9. Agiter les mains qui représentent sept.

Fig. 10. Labourer, de haut en bas, avec le pouce droit, le pouce gauche, ainsi que les autres doigts de la main gauche, qui figure le calendrier.

Fig. 11. Figure de la révolution de la terre autour du soleil.

Fig. 12. Le pouce s'agite légèrement en touchant l'extrémité de l'index.

Fig. 13. Petits mouvements de va-et-vient, de gauche à droite, de la paume de la main droite sur la main gauche, qui reste fermée.

Fig. 15. Fois se fait en labourant deux ou trois fois la paume gauche avec l'ongle du pouce droit. QUELQUE, en levant le pouce, puis l'index et successivement les autres doigts.

Fig. 16. Ouvrir et fermer vivement, à plusieurs reprises, les deux mains, ou la main seule, comme si l'on disait des dix.

Fig. 17. L'index décrit des cercles en s'avançant.

Fig. 18. Le petit doigt trace une croix en l'air.

Fig. 19. Les deux mains de champ s'élèvent et s'abaissent alternativement, avec un air de doute.

Fig. 20. Même signe pour dire : COMME, ÉGALEMENT, PAREIL, etc.

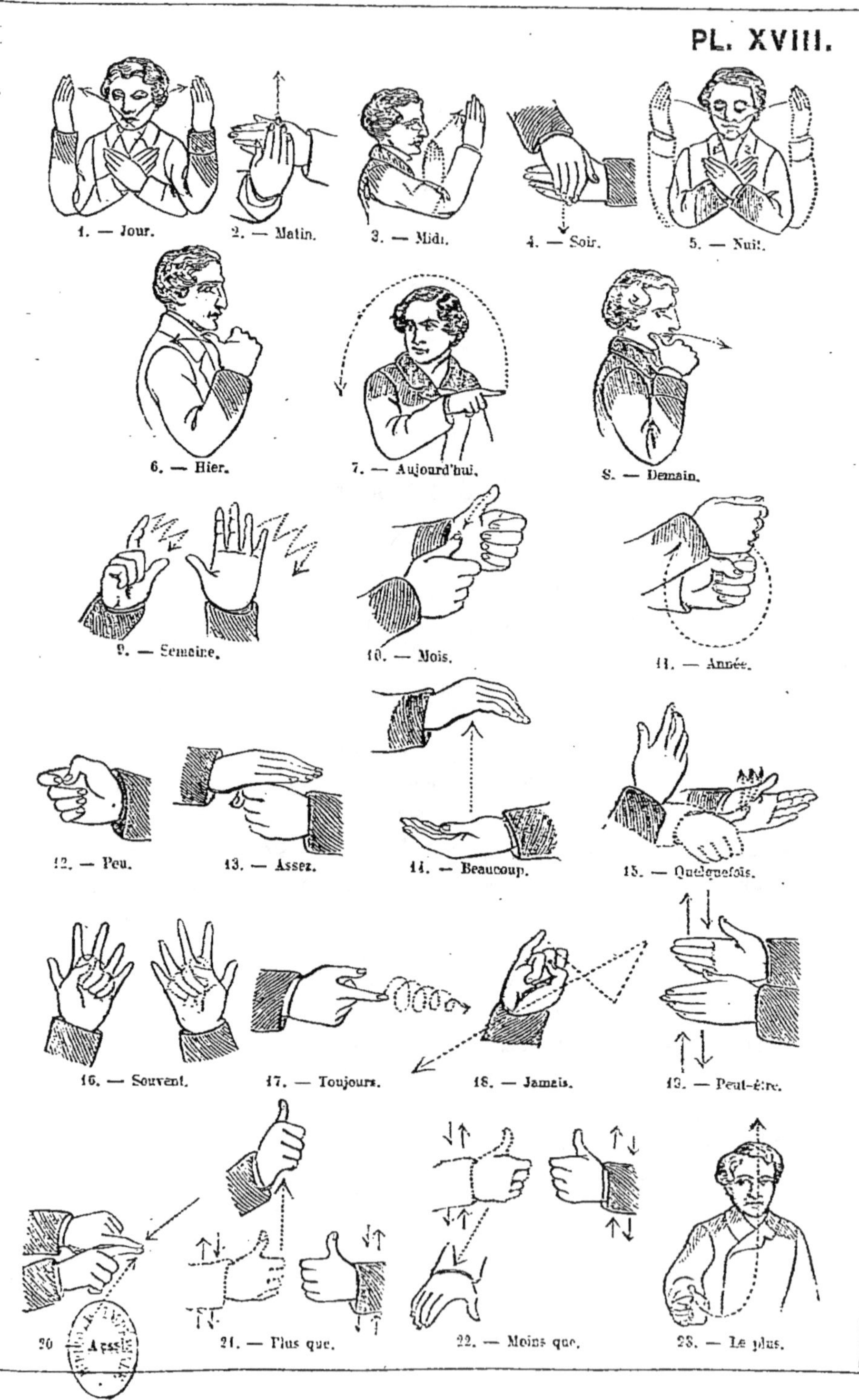

1. — Jour.
2. — Matin.
3. — Midi.
4. — Soir.
5. — Nuit.
6. — Hier.
7. — Aujourd'hui.
8. — Demain.
9. — Semaine.
10. — Mois.
11. — Année.
12. — Peu.
13. — Assez.
14. — Beaucoup.
15. — Quelquefois.
16. — Souvent.
17. — Toujours.
18. — Jamais.
19. — Peut-être.
20. — Assis.
21. — Plus que.
22. — Moins que.
23. — Le plus.

PRÉPOSITIONS.

Fig. 1. La main droite s'agite sur le dos de l'autre.

Fig. 2. Le contraire de ci-dessus.

Fig. 3. Redresser l'index en jetant la main en avant.

Fig. 4. Avoir l'air de frapper du côté droit avec la main droite renversée. C'est aussi le signe de QUITTER.

Fig. 6. On peut le dire aussi en se touchant le dos du dos de la main.

Fig. 10. Passer rapidement la paume de la main droite sur la paume de la main gauche, ou bien souffler vivement sur la paume de la main. (Voir *aucun*.)

Fig. 11. Rapprocher deux à trois fois la main du côté externe de l'avant-bras.

Fig. 12. Les deux mains fermées, les pouces seuls levés et se touchant, éloigner la droite de la gauche.

Fig. 14. Mettre l'index, ou la main entière, par le petit doigt, entre l'index et le médius de l'autre main.

Fig. 15. Mettre plusieurs fois l'index, ou la main entière, par le petit doigt, entre les doigts de l'autre main, qui reste ouverte, les doigts pliés et le bout en haut.

Fig. 20. C'est le signe de MAISON. Ajoutez-y la figure 7, et vous compléterez l'idée de CHEZ.

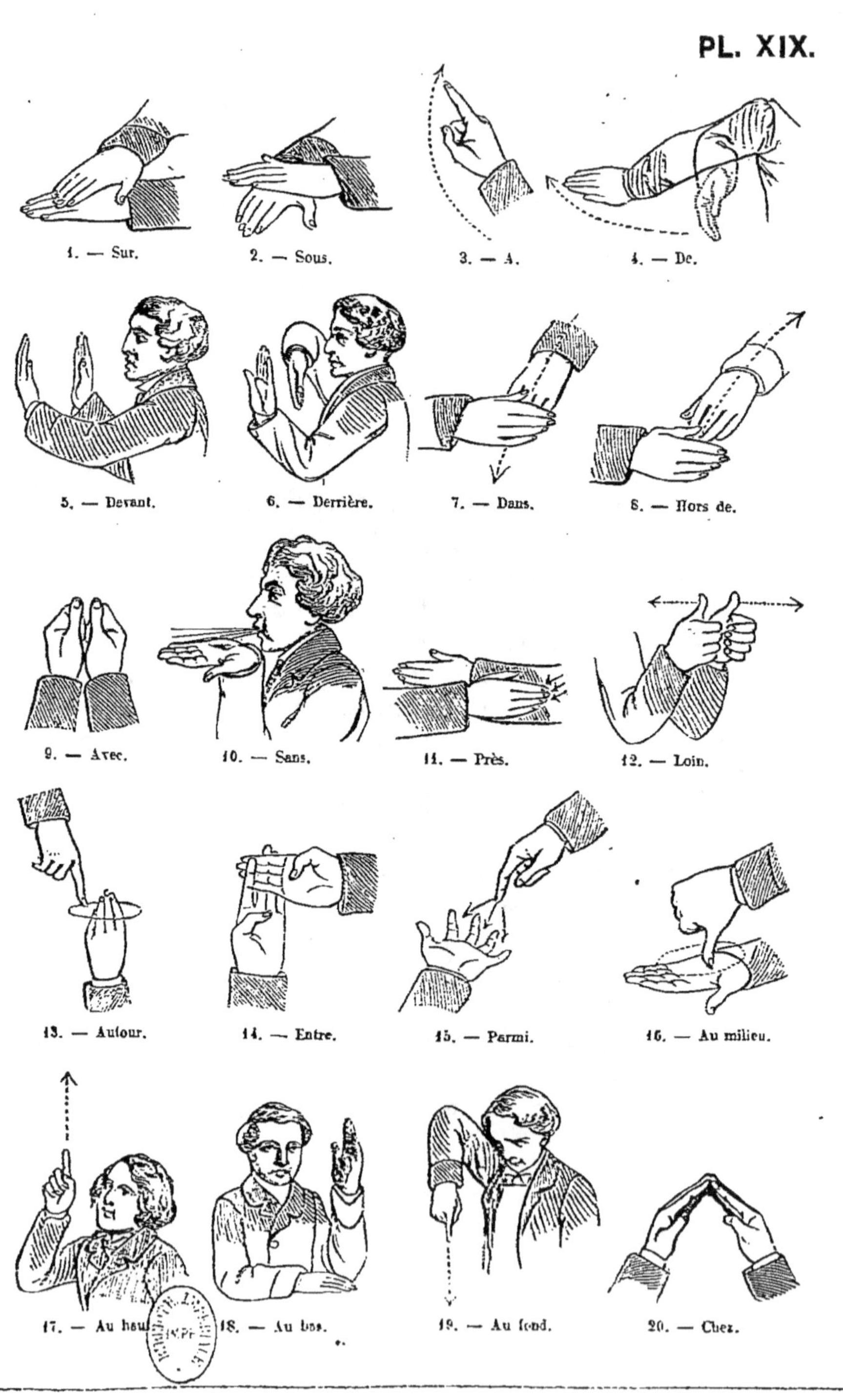

PL. XIX.
1. — Sur.
2. — Sous.
3. — A.
4. — De.
5. — Devant.
6. — Derrière.
7. — Dans.
8. — Hors de.
9. — Avec.
10. — Sans.
11. — Près.
12. — Loin.
13. — Autour.
14. — Entre.
15. — Parmi.
16. — Au milieu.
17. — Au haut.
18. — Au bas.
19. — Au fond.
20. — Chez.

PRÉPOSITIONS ET CONJONCTIONS.

Fig. 1. La main figurant le D dactylologique part de dessus l'épaule et arrive en avant devant la poitrine.

Fig. 2. Le petit doigt seul dressé va en avant.

Fig. 3. La main renversée, la jeter, avec un mouvement brusque, en avant, un peu de côté.

Fig. 4. Darder brusquement en avant la main recourbée en forme de c.

Fig. 5. Pousser 2 à 3 fois en avant la main, la paume en dehors et couchée horizontalement.

Fig. 6. Faire aller en avant simultanément les deux mains qui figurent le P dactylologique. Si elles figurent le T, ce sera TANDIS, le D DURANT ; ce dernier se fait d'une seule main.

Fig. 7. Jeter la main derrière soi par en bas.

Fig. 9. Frapper légèrement sur la paume avec le bout des doigts réunis en faisceau ; plus fort et d'un coup, c'est faire le signe de ENCORE.

Fig. 10. Les deux mains sautent vivement d'en bas sur les côtés des épaules qu'elles touchent de leur dos.

Les figures 11, 12 et 13 peuvent être appliquées à chacune de ces trois conjonctions suivant le sens qu'on y attache.

Fig. 14. Les pouces touchant l'extrémité des index, les redresser en les dardant vivement en avant ; on peut exécuter ce signe d'une seule main. Précédé de *futur*, c'est BIENTÔT.

Fig. 15. Faites-le précéder de la fig. 21, pl. XIV.

Fig. 16. Un coup du bout de l'index sur la paume. C'est aussi le signe de LORSQUE.

Fig. 17. Rapprocher les deux mains fermées, les pouces seuls levés, les élever et les abaisser alternativement L'UN OU L'AUTRE.

Fig. 18. Même que ci-dessus, avec cette différence que ce sont les petits doigts qui sont seuls dressés et tournés en avant. Le visage doit être en rapport avec le conditionnel.

Fig. 20. Imprimer un mouvement brusque en bas aux deux mains tendues en avant.

1. — Depuis.

2. — Jusqu'à.

3. — Malgré.

4. — Contre.

5. — Avant.

6. — Pendant.

7. — Après.

8. — Pour.

9. — Et.

10. — Mais.

11. — Parce que.

12. — Puisque.

13. — Car.

14. — Aussitôt.

15. — Dès que.

16. — Quand.

17. — Ou.

18. — Si.

19. — Au contraire.

20. — Donc.

INTERJECTIONS ET INTERROGATIONS.

Les interrogations sont les omonotapés du sentiment qui fait explosion sur le visage humain. La surprise et la joie, l'étonnement et l'admiration, la pitié et l'orgueil, la douleur et l'indignation, quand ils s'emparent, à l'improviste, de notre cœur, se traduisent, à l'instant même, par un éclair qui passe dans nos yeux, par une contraction qui sillonne notre front, par un écho de l'âme que la langue traduit. Cet éclair, ce jeu des traits, ce frémissement des bras et du corps, les sourds-muets s'en emparent pour figurer les signes des interjections. Ils suppléent, par la mobilité de la physionomie, à l'accent qui leur manque et donnent ainsi un sens particulier à chacune des diverses expressions dans lesquelles le même mot est employé. *Oh, c'est beau! oh, je souffre! ô traître!* La figure 1re les représente ; mais la nuance du sentiment de ces trois expressions différentes se peint dans le visage qui, pour la première, prend un air d'admiration ou de bruyante surprise ; pour la seconde, un air de douleur ou de résignation, et un mouvement d'indignation ou de malédiction pour la troisième. Il en est ainsi de toutes les autres interjections. Dans la fig. 4, c'est un sourire ; dans la fig. 6, une prière, un souhait ; dans la fig. 7, une prière plus douce encore ; dans la fig. 8, un découragement, une stupéfaction qui en appelle au ciel ; dans la fig. 9, c'est l'expression du mépris.

Toutes les interrogations sont traduites par la fig 14, qui signifie aussi : QUI? QUE? QUEL? QUOI? etc. En l'ajoutant à la fig. 15, vous direz : COMMENT VOUS PORTEZ-VOUS? avec le signe *heure*, QUELLE HEURE EST-IL? Il en est de même de *pour*, POURQUOI? *avec*, AVEC QUOI ou COMMENT? N'oubliez pas que la tête, par un mouvement, doit toujours exprimer le point d'interrogation.

1. — Oh !
2. — Ah !
3. — Hélas !
4. — Que !
5. — Mon Dieu !
6. — Fasse le ciel !
7. — Plaise au ciel !
8. — Juste ciel !
9. — Fi !
10. — Horreur !
11. — O terreur !
12. — O douleur !
13. — Malédiction !
14. — Qu'est-ce que c'est ?
15. — Santé.
Oui.
Non.
C'est bien.

TITRES DES PLANCHES. (1).

<table>
<tr><td>Pl. Ire.</td><td>Dactylologie.</td></tr>
</table>

(1) Dessinées sur bois par Léopold Levert.
Gravées par Bisson et Cottard, I et VII; par Dumont, II et IV; le reste par Marais.

OUVRAGES DU MÊME AUTEUR.

LITTÉRATURE.

STATISTIQUE.

ÉDUCATION.

POUR PARAITRE

LORSQUE LE NOMBRE DES SOUSCRIPTEURS LE PERMETTRA :

DICTIONNAIRE DU LANGAGE UNIVERSEL DES SIGNES

AVEC DESSINS COMPLETS.

Préparé depuis 1850 comme un monument unique et nouveau jusqu'à ce jour, cet ouvrage, qui est prêt en grande partie, verra le jour par livraisons et contiendra environ vingt mille figures entières, soigneusement dessinées par Métivien, sourd-muet. On en a vu un spécimen à l'Exposition universelle de 1855. On peut souscrire dès à présent sans rien payer d'avance.

Paris, imprimerie de Paul Dupont.